Género Drama

Pregunta esencial
¿Cómo podemos disfrutar la naturaleza?

Diversión en México

Miguel Ísola • ilustrado por Juan Caminador

Personajes

- Carlos (el papá)
- Isabel (la mamá)
- Pablo (el hijo)
- Rosa (la hija)

Escena 1

En camino

Un camino en el campo eqntre una alameda

Papá: Paremos aquí en la alameda para comer. Rosa y yo hemos preparado unos exquisitos sándwiches.

Rosa: Les pusimos de todo, incluso aguacate. Son sándwiches de todos los colores.

Pablo: ¡El aguacate es mi comida preferida!

Mamá: Se ven tan buenos que da pena comerlos.

Rosa: ¡La comida preferida de papá es el pescado!

Papá: *(riendo)* ¿Cómo adivinaron?

Pablo: Es lo que dices siempre, papá. Tal vez por eso vamos de vacaciones al mar...

Mamá: Vamos allí porque es un lugar hermoso. Ya verán.

Papá: Y es el lugar ideal para pescar, pues allí están los peces más deliciosos del mundo.

Escena 2

En la orilla

La playa al mediodía

Rosa: ¡Miren qué tranquilo está el mar! ¿Ya podemos ir al agua a nadar?

Pablo: ¡Sí! ¡Vamos al agua! Rosa, te juego una carrera hasta el mar.

Papá: ¡Esperen, niños! Es mediodía y el sol está muy fuerte. Iremos todos juntos cuando baje un poco el sol. Tómenlo con calma ya que nuestras vacaciones recién comienzan.

Mamá: Les propongo una aventura diferente... Tomemos por ese camino en la espesura de la selva para ver qué aves y plantas encontramos. ¿Se animan?

Pablo: ¡Qué lástima que no iremos al agua todavía!

Rosa: Yo llevaré una bolsa para juntar una hoja de cada planta que encontremos.

Mamá: Buena idea. ¿Tendrás constancia de recoger todas las plantas que veamos? ¡Me imagino que luego pasarás horas estudiando sus semejanzas y diferencias, igual que como lo haces en casa!

Rosa: Pues sí. Y también traje mi lupa para estudiar las plantas que encontremos.

Papá: Lleven también la cantimplora con agua. Yo los esperaré aquí y prepararé la merienda.

Escena 3

En el agua

La playa al atardecer

Papá: ¡Parece que caminaron mucho! Se ven cansados. Vengan, es necesario que coman algo saludable para reponer energías.

Pablo: ¡Cómo me gustan tus ensaladas de frutas, papá! Son deliciosas.

Rosa: Yo tengo mucha sed.

Papá: ¿Y qué vieron de interesante en el paseo?

Pablo: La vegetación es muy abundante, hay todo tipo de plantas. Rosa ha traído muchos tipos de hojas en su bolsa.

Rosa: ¡Algunas tienen tallos con espinas que lastiman si las tocas! Esas son las más hermosas, pero es difícil cortarlas con la mano.

Mamá: ¿No se olvidan de algo? A Rosa le gustan las plantas, pero a papá le gusta la historia.

Pablo: ¡Cierto! ¿A que no sabes qué descubrimos en medio de la selva, papi? Te encantará.

Papá: Pues, ¿qué descubrieron en la selva que sea tan interesante?

Rosa: ¡Unas ruinas mayas! Están escondidas entre la vegetación y es un lugar increíble.

Mamá: Les dije que este lugar les gustaría. Estas ruinas representan la gran sabiduría de nuestros antepasados.

Rosa: ¿Cuándo podremos ir al mar?

Mamá: Ya mismo, pero antes pónganse protector solar para disfrutar del agua sin problemas.

Rosa: Yo prefiero las plantas, pero Pablo prefiere los peces, al igual que papá.

Papá: Y hoy es el día perfecto para disfrutar de este mar porque no hay olas.

Pablo: ¡Sí! El mar está tan calmo y claro que es ideal para ver peces con el *snorkel*. ¡Espero que se puedan ver muchos peces de colores!

Papá: Nadar con *snorkel* es muy divertido. Uno se siente como si fuera un pez de verdad.

Pablo: Mira papá, hay tantos peces de colores que parecen el arcoíris bajo el agua.

Rosa: ¡Miren qué hermosa es la estrella de mar que acabo de encontrar!

Mamá: Carlos, mira esta escena. ¡Qué cálida está el agua! ¡Y qué hermoso es el contraste entre el azul del mar, la playa blanca y el verde de la vegetación!

Detective del lenguaje	El verbo que está subrayado, ¿está conjugado en tiempo presente o en pretérito?

Escena 4

Junto al fuego

Un campamento junto al fuego por la noche

Rosa: Me apena que termine el día después de tanta diversión.

Mamá: Es verdad, hija, pues hemos disfrutado de la naturaleza como nunca.

Papá: Yo diría que todo ha sido un verdadero regalo de la naturaleza.

Mamá: Y ahora, a cenar y a descansar, así mañana podremos levantarnos temprano para ver el amanecer.

Mamá: ¿Quieren otro burrito, niños? El día al aire libre nos ha despertado el apetito a todos.

Rosa: No, gracias, ya estoy satisfecha.

Pablo: Yo sí, por favor, mamá. ¿Qué tal está tu pescado asado, papá?

Papá: ¡Mmmmm! Está delicioso.

(*Todos ríen*).

Detective del lenguaje

El verbo que está subrayado, ¿está conjugado en tiempo presente o en pretérito?

Mamá: ¿Y qué les gustó más del paseo?

Pablo: A mí me divirtió mucho la selva y me gustó caminar entre la vegetación.

Rosa: Yo me divertí mucho en las ruinas. Y también me gustó nadar en el mar.

Papá: ¡Qué bueno que lo hayan pasado tan bien!

Papá: Bien niños, es hora de dormir.

Pablo: Por favor, quedémonos un rato más.

Rosa: Yo quiero dormir aquí afuera.

Mamá: Vamos, niños, las vacaciones recién empiezan. Mañana, si quieren, iremos de excursión a la barrera de coral.

Rosa y Pablo: ¡Sí, mami! ¡Qué bueno!

(*Todos ríen*).

Respuesta a la lectura

Resumir

Usa detalles importantes del cuento para resumir *Diversión en México.*

Pista
↓
Pista
↓
Pista
↓
Tema

Evidencia en el texto

1. ¿Cómo sabes que *Diversión en México* es una obra de teatro? **Género**
2. ¿Por qué Rosa, Pablo y sus papás van de vacaciones al mar? **Tema**
3. Descubre el significado de la palabra *saludable* en la página 7,con lo que sabes acerca de raíces de palabras. **Raíces de palabras**
4. Escribe sobre cómo Rosa, Pablo y sus padres disfrutan de la naturaleza. **Escribir sobre la lectura**

Género **Cuento folclórico**

Compara los textos

Lee un cuento folclórico sobre los pinos.

Por qué los pinos tienen hojas verdes

Ilustrado por Amanda Hall

En el bosque había un pequeño pino. Estaba triste. "Los otros pinos son tan bellos. Soy un poco aburrido en comparación con los demás", pensaba.

Entonces pasó una niña con pulseras de oro. "Me gustaría tener hojas de oro", pensó el pino. ¡Y, como por arte de magia, sus hojas se convirtieron en oro! Pero pronto llegaron dos hombres. Tomaron todas las hojas para venderlas en el mercado.

Al día siguiente, el pino escuchó el dulce tintineo de unas campanitas de cristal. "Quisiera tener hojas así, para hacer una hermosa música", pensó. ¡Y, como por arte de magia, sus hojas se convirtieron en cristal! Pero pronto sopló un viento muy fuerte. Las hojas de cristal se rompieron.

Al día siguiente, el pino lloró. Luego, alzó la vista. Vio a un niño que tenía un lindo gorro verde. Era del mismo color que sus viejas hojas. "Me gustaría tener mis viejas hojas verdes de nuevo", pensó el pino. ¡Y, como por arte de magia, sus hojas regresaron! El pino se puso muy feliz. Nunca más deseó tener otras hojas. Y es por eso que los pinos siempre tienen hojas verdes.

¿? Haz conexiones

¿Cómo nos ayudan los cuentos a entender la naturaleza?
Pregunta esencial

¿Qué te enseñan ambos textos sobre la naturaleza?
El texto y otros textos

Enfoque: Elementos literarios

Tema El tema es el mensaje que nos transmite un cuento o una obra de teatro.

Lee y descubre Vuelve a leer *Diversión en México* y descubre qué hacen Rosa y Pablo para disfrutar de la naturaleza.

Tu turno

Escribe una obra de teatro acerca de la naturaleza. ¿Qué mensaje transmitirá? ¿Sobre qué parte de la naturaleza escribirás? Piensa en qué harán los personajes en la obra. Escribe tus ideas y muéstraselas a un compañero o compañera.